절벽 위 푸른 숲

조규칠 시집

시와사람

ⓒ 조규칠, 2024
이 책의 저작권은 저자에게 있습니다.
저작권에 의해 보호를 받는 저작물이므로
저자의 허락 없이 무단 전재와 복제를 금합니다.

절벽 위 푸른 숲

시인의 말

세월따라 흐른 발자취, 제2시집을 내놓으며

39년 동안 오로지 공직에만 몸을 담았던 제가 퇴직했습니다. 그 후 허허벌판에 갇힌 허수아비와 같은 제 처지가 싫어서 산과 숲을 찾아다녔습니다. 산새랑 놀며 이 산 저 산을 안방인 양 드나들었습니다. 산과 친구가 되고 보니 산을 모든 이에게 자랑하고 싶어졌습니다. 전국에 있는 산 정상에 나의 흔적을 남기자라고 방향을 잡았습니다. 새로운 길을 개척하며 하얀 종이에 다녀온 산 이야기를 끄적이게 된 것이 제2시집 탄생의 디딤돌이 되었습니다.

문학과의 인연은 저에게 행운이었습니다. 어느 날 지인의 권유로 한실문예창작 향그런문학회에 입회하였습니다. 처음 지도 교수와 상담한 결과 가능성이 있다고 생각했습니다. 아무리 힘든 일이 있어도 문학의 길을 포기하지는 말자라고 다짐했습니다.

좋은 문학 작품을 쓰지 못하더라도 100대 명산에 새겨진 나의 흔적을 생전에 남길 것을 결심했습니다. 수천 번 가슴에 그 의지를 심고 향그런문학회 문우님들을 만났습니다. 2020년 2월 문학의 첫 만남을 가졌습니다.

지도 교수님의 자상한 강의와 문우님들의 친절에 행복했습니다. 후한 문학의 대접으로 다음 시간이 기다려졌습니다.

차츰차츰 익숙하게 되면서 할 수 있다는 자신감을 가졌습니다. 어려운 고비를 넘어 2020년 10월 월간《문학공간》시 신인상을 받아 시인으로 등단했습니다. 교수님과 문우님들의 축하를 받았습니다. 그 자리에서 앞으로 1년 안에 시집을 내겠다고 약속을 했습니다. 더욱 열심히 시 창작에 몰두하여 만 1년 만인 2021년 10월 28일 첫 시집『사랑의 전설 안고 피어나라』를 발간했습니다.

제1집 발간 후 아내에게 가장 큰 선물을 받았습니다. 아내가 저를 안아주면서 이런 말을 했습니다.

"당신 정말 멋쟁이야!"

아내의 칭찬과 함께 자식들도 우리 아빠 최고라며 축하주를 선물했습니다.

어느 날 산 정복을 끝마치고 국토 종단 둘레길 종주를 시작했습니다. 남파랑길 부산 오륙도에서 해남 땅끝까지 1,790km를 72일 만에 종주했습니다. 전국에서 내민 돌부리마다 내 흔적을 남기겠다는 목표로 한 편 한 편 글을 모아 제2시집을 발간하게 되었습니다. 앞으로도 저의 결심이 허물어지지 않고 지속되기를 기대하며 더욱 열심히 시 창작에 힘을 모으겠습니다. 태산과 같이 많은 시집을 발간하도록 노력하겠습니다. 국토 종단 둘레길 전 코스를 완주하여 100대 명산 시와 제6시집까지 출간할 수 있도록 준비하겠습니다.

제2시집이 나오기까지 도움을 주신 박덕은 교수님과 향그런문학회 문우님들께 감사드립니다.

2024년 시월에, 저자 조규칠

축시 ───────────

조규칠 시인

박덕은

광활한 대지의 아들로 태어나
산야 내려다보는 눈을
밝게 길러냈다

사나이다운 길로
터벅터벅 걸어나가
생의 골목마다 독니 드러낸
시련의 바람을 이겨냈다

비관과 불안과 적막의 소문을
무자비하게 퍼붓는
천둥 번개 오솔길도
묵묵히 통과하여

포화가 번뜩이는
전쟁터에서도
갈 길 잃지 않았다

출근과 퇴근으로 각이 잡힌
상자 속에 갇힌
직장 생활 위 텃밭에서도
배려의 향기 나눠 주었고

성실함의 발걸음에
간혹 낭만의 노래
흩뿌리며 미소 지었다

어느새 다가온 시심
고요와 성찰이 수면을 빗질하는
거기 호숫가에 피어난 꽃
모두 모아 작품집으로 빚어내고

둘레길에서 만난 감성들
기행문 속에 담아
기나긴 추억의 밧줄에 매달았다

아직도 못다 한 고백
징거운 허리띠에 묶고
오늘도 끄덕끄덕 산길을 오른다

초연한 내면의 향기에
마음과 새파란 입술의 비애를 의지하며
고독의 시를 하나씩 배낭에 챙기며.

절벽 위 푸른 숲 / 차례

시인의 말 _ 6
축시/ 박덕은 _ 8

제1부

산천재	20
억새	21
산책	22
화도	24
사랑길	26
승선교	27
장도	28
부부송	30
가을이 오면	31
추억 속 고향	32
쪽박섬	33
탱자	34
구봉도 낙조 전망대	35
짝사랑	36
누에섬 전망대	38
전곡항	39

40 　백미항
41 　궁평항
42 　마안산

제2부

44 　평택호
45 　쌀조개섬
46 　음성포구
47 　꽃은 울고 있다
48 　필경사
49 　도비도
50 　왜목마을
51 　삼길포항
52 　서산 구도항
53 　이원방조제 희망 벽화
54 　청산리 나루터
55 　천리포 수목원
56 　국사봉
57 　뭍닭섬

만리포해수욕장　58
태안 가의도　59
어은돌 해변　60
파도리 해변　61
통계항　62

제3부

안흥진성　64
연포 해변　65
태안 청산수목원　66
몽산포해수욕장　67
간월도　68
무창포 해변　69
대천해수욕장　70
숲　71
맥문동　72
가을비　73
김인전공원　74
군산 내항　75

76 월명공원
77 은파호수공원
78 군산 호수
80 만경강
82 고마 저수지
84 세창이 다리

제4부

86 매창공원
87 장마
88 시인 거리
89 동호해수욕장
90 사랑의 낙조 공원
92 모내기 추억
94 구시포 해변
95 숲쟁이
96 새벽에 출발한다
97 노을 종
98 천일 염전

설도항 99
백바위 100
칠산타워 101
도리포항 102
퍼플교 103
짱뚱어 다리 104
태평염전 105
갯벌 106

평설/ 박덕은 _ 110

절벽 위 푸른 숲

제1부

산천재

경남 산청 덕천 강가
지리산 천황봉 막힘없이 펼쳐지고

남명 낙향 학문 닦고 연구하며
10제자 애국 충절 기리던 곳

앞뜰 가득 자리한 남명매南冥梅
기품 있는 모습 마당 가득 아름답다

경의검 예리한 칼날 왜놈 애간장 녹이고
성성자惺惺子* 방울 소리 선비 정신 이어진다

지리산 자락 둘레길
조식 선생 발자취 영원히 살아 있다.

＊성성자惺惺子 : 남명(南冥 曺植 1501~1572)이 몸에 달고 다니던 방울.

억새

천관산 정상의 원탑 머리에 이고
길게 늘어선 능선 흰 꽃 춤춘다

한여름 지루한 폭염 속 녹색 치마
흐르는 세월 노란 단풍으로 치장하고

가을 부름에 긴 목 하얗게 단장하고
작은 꽃 미소 모아 너른 광장 물결친다

작은 꽃송이 나비 되어 하늘로 비상하고
산의 연인들 짙은 숲속 몸 숨기며 사랑 속삭인다.

산책

갈바람 사뿐사뿐 다가온
이 한적한 숲길
홀로 흥얼거리며 건강 심장 만든다

낙엽 하나둘 머리 위에 꽂히고
단풍 필 때 마음결 설렌다

중절모에 빨간 스카프
이젠 낯설지 않은
미소 띤 얼굴 앞서가고

이쁜 나뭇잎 한 손 가득
아름다운 입술로
외로운 발걸음 달래 주는
감미로운 동행자

호젓한 꽃길 속
흔들 그네 편안하고

그늘진 언덕 언저리에서
마주치는 길

오늘도 발밑에
바스락거리는 소리 가득

익어 가는 가을 하늘
아름다운 꽃길 달린다.

화도

신안군 증도면 작은 섬 일출 일몰을
같은 곳에서 볼 수 있는 곳

국내 제일 넓은 갯벌 밀물로 넘실대면
섬은 수면 위의 연꽃 된다

텅 빈 갯벌 간지러움 주며 들어오는 맑은 물
뻘이 내뿜는 먹물에 시커먼 바닷물 출렁출렁

작은 섬 만조 되어 섬의 허리까지 잠기고
섬은 물속에 숨어들어 한 송이 꽃으로 피어난다

주변 소나무는 초록의 꽃잎
숲속 빨간 카페 암술 사랑 전해 주는 꽃섬

한낮 밀물 때 뻘 속에서 농게들과 놀고
숲속에 자리 펴고 즐거운 시간 즐기다 눈 돌리면

노을 섬의 진풍경 붉은 태양 바닷속에 숨고
폭염에 지쳐 데워진 몸들 붉은빛 받으며 환호한다

해 지고 미련 품고 잠든 사이
지구는 쉼 없이 돌고 돌아 유달산에 돌아오고

일출 종소리에 잠 털고 뛰쳐나와 합장하고 기도하면
동녘 하늘 빨간 구름 바람 타고 검붉은 명경된다

지는 해 노을을 온몸에 휘감고
아침의 밝은 빛 확산하는 명소

작은 섬 꽃과 빛의 조화 세계문화유산 명소
모세의 기적 길 찾아 명품 섬 아름다움에 환성 터진다.

사랑길

동촌마을 둘레 숲속
주민 건강 선물하는 황톳길

부드러운 가을바람에 낙엽들 춤추고
한가로운 초저녁 운동으로 하나된다

맨발로 터벅터벅 간지러움 즐기며
오가는 이웃 정겨운 미소 나누고

하루 일에 지친 몸
붉은 흙 안고 기쁨으로 마감한다

한 세월 걸어온 저 달달 떠는 걸음
맨바닥으로 건강 과시하고

걷고 뛰고 진흙탕 속에서 서로의 멋 자랑
모든 이의 쉼터 사랑으로 피어난다.

승선교

순천시 조개산 선암사 휘감은 계곡
임란 때 경내로 진입하는 돌다리

조선시대 호암대사 관음보살 모시려고
백일 공양 기도 끝에 관음을 못 보자

계곡의 암벽에 몸 던지려는 순간
한 여인이 나타나 대사를 구하고 사라진다

호암의 직감으로 그 여인이 관음보살임을 깨닫고
원통전에 관음을 모시고 절 입구에 무지개다리 세웠다

밑층 길게 다듬은 돌 위에는 냇가 돌로 석벽을 조성
홍예 한복판 용머리로 장식한 뾰족한 돌 수호신 되고

다리 밑에서 올려다보면 큰 무지개 속에
강선루의 절경이 폭포와 어우러져 멋스럽다.

장도

웅천 GS 칼텍스 예울마루
마주한 예술의 그림자 너울거리는 섬

진선다리 물속 갇혀 어둠에 울고
친수공원 늘어선 풍선 다리 물길 열리기만 기다리고

물길 열린 다리 위 노란 풍선 춤추고
게 조형물 꽃 들고 반기는 암반 장식들

섬 주변 바다 위엔 하얀 요트
흰 물결 나르며 섬과 속삭이는 진풍경

인도 따라 축 처진 고목
섬 주민 안녕 지켜주는 당산나무

잔디밭 만개한 수국 향기
옛 역사 속 추억 섬의 변화에 반한다

노루 닮은 긴 형태의 섬 정상 지하
도서 전시관과 카페가 있고

섬 뒤 해변 전망대
여수에 365개 섬 조망하며

숲에 설치된 흔들림 의자 높낮이
주변 풍경 낮은 산속의 아름다운 조화

예술의 섬 정상에서의 기쁨
관광객 넘쳐나고 여수의 향기에 신기한 다리 넘나든다.

부부송

지리산 남원의 깊은 계곡
신선길 따라 와운교 옆

엄마 품 떠난 솔방울 외톨 알
얄미운 바람 바위 틈새 자리

부드러운 흙 목마른 가슴 조아리며
뿌리에 이슬 감아 나날이 인내하며

한 잎 한 잎 키워 돌 뚫고 자란 가지
초록 옷으로 단장한 싱그러움

옆 소나무 지켜보며 손 내밀어 인연 맺고
소나무 바위 치장한 안식처

신비스레
스치는 인연마다 사랑 미소 가득하다.

가을이 오면

늘 푸른 무등산 추억 살아 비상하는 계절
갈대꽃 가을바람에 한들한들 춤추고

이파리 사이 사이 바람 타고 짙은 향기 피어나면
꽃들이 얼굴 내밀고 초록색 지운다

삼봉 군화 소리에 놀란 매미
퍼덕이는 날갯짓에 산야는 붉게 타고

중봉에 방송탑
짙게 물든 단풍 속에 더 높게 어울리고

깊은 계곡 아기자기한 추억
가재 잡아 낙엽배에 태운다

새인봉 돌계단에 우뚝 선 소나무
여름 내내 양산 되어 위로 준다.

추억 속 고향

가을 들녘 끝자락
아리랑 가락 정겨운 일몰 반기고

등에 진 지게 볏단이 출렁출렁
지게 다리 두들겨 풍요 맞이하던 어머니

앞들 두 마지기 논 누런 벼 베어 눕히고
논두렁 크고 작은 콩 수확 일꾼 마당으로 불러

벼 베기에 만족한 듯
마당에 술상 차려 수고했다 기뻐하던 미소
풋고추 오이 조각 올려놓고
술 양판 툭시발 한잔 술로 고추 한입

곡식 창고 가득 차곡차곡
한 해의 풍년 만끽하던 어머니.

쪽박섬

안산시 단원구 대부남동 북골산 끝자락
쪽박 엎어놓은 듯한 바위섬

바가지 생김새 구석구석 바위로 치장하고
해풍에 시달린 구멍마다 소나무 아름다워 쪽박 솔섬

섬 주변 영흥도 화력 발전소
파란 파도 위에 흰 뭉게구름 길게 날아오르고

큰산 연결한 산재 대교
파란 바다 위에 둥근 무지개 찬란히 피어나고

작은 섬 너머로 붉게 물드는 노을
대부도 낙조 절경의 명소 감동 인파 넘친다.

탱자

진도 여귀산 자락 고향집
앞뒤 용호천 작은 동산 추억 살아 있는 곳

냇가 돌 뒤집어 줍던 다슬기
하얀 꽃 짙은 향기 간지러움 그리워진다

콩알만 한 탱글탱글 푸른 열매
허리 굽은 할머니 바구니 가득 담아

잘게 썰어 멍석 위에 말리고 선반 위에 올려
수많은 배앓이 약 무명 한의사 되어

장작불에 푹 고아 주던 봉산댁 할머니
지금도 숲속에서 웃고 계실까

가을이면 노랗게 익어 둥근 달덩이
어린 시절 귀한 보약

비에 젖고 눈에 젖어
바람 타고 흔들흔들 혼자 울고 있다.

구봉도 낙조 전망대

대부도 북단 끝자락 아담한 섬
아홉 봉우리 사이 사이 비경 담은 낙조 명승지

해안에 우뚝 선 할배 할매 바위
노부부 사랑의 전설 마을 안위 지켜주는 신전 되고

서해안의 아름다운 노을 가슴에 담고
대부도 비경 즐기는 전망대

중앙 둥근 단 위에 비스듬히 일몰 형상화 조형물
한가운데 석양이 피어오르면 함성 피어난다

붉게 물든 인천 대교 교각에 빛 발하는 태양
영종도 섬 등대 불빛 묻어나고

방아머리 선착장 길게 누워 있는 해솔길
구봉도 관광객 유도하고 숲속 안식처 명성 자랑한다.

짝사랑

한적한 도시 변두리
초라한 다방 희미한 불빛 졸고 있고

손님도 없는 텅 빈 실내
주름진 얼굴 땀에 젖어 자리한다

좁은 문 쟁반 든 주방장
오던 발길 되돌아 들어가고

조용한 찻집
옛날 노래 정겹게 흐른다

주문은 받지도 않고
과일 접시 멋쩍은 미소와 함께 탁자 위에 놓고

웃는 듯 우는 듯 고개 숙인 채
자기 나 몰라 하며 등 꼬집는다

왜 이러세요
섬짓 물러나는 손님에게 한마디

무심하고 사랑도 모르는 당신 보니
내 초라한 첫사랑이 서글퍼하네요.

누에섬 전망대

경기도 안산시 단원구 대부황금로
큰 누에 뽕잎 물고 물위에 떠 있는 섬

탄도 바닷길
물때 따라 행복 춤추는 서해의 명소

해와 바다 갯벌과 주변 섬 아우르고
인천대교와 당진만까지 해안 절경 빛 발한다

데크 산책로 아름다운 포토스팟
연인의 환한 미소 동화 속 얼굴 카메라에 담고

드나들 때 찰랑거리는 바닷물
풍력발전기 바람 타고 돌아가는 소리 멋스럽다

바다 위에 펼쳐지는 노을
전망대 안고 하늘로 오르면 섬의 함성 불타오른다.

전곡항

경기 화성 서산면 지방 어항
서해 제일 국제 요트대회 열리는 명소

탄도방조제 바다를 가로질러
물 흐름 잡아 주니 요트 접안 마리나 잠을 잔다

매 시간 출항하는 호화 유람선
누에봉 돌아 탄도항 들려 광어 낚시 흥겹고

항 입구 자리한 웰빙 수산물센터
주변 공원 아우르고 횟집마다 맛깔 향기 관광객 부른다

고렴산 정상 제부도 오가는 케이블카
낭만의 함성 풍요 실어 나르고

산속 주변 회색빛 암벽 미르길 공룡 발자국
넘실대는 파도 속 각양각색 미소 선사하고

탄도항 제방 위에 빨간 등대 마주하고
선상 횟집 만선의 흥겨움에 갈매기들 춤춘다.

백미항

경기도 화성시 백미길 어촌마을
바다 갯벌 해안 절벽 서해 제일의 항

감투섬 마을 주민 안전 기원하고
남녀노소 온 가족이 체험 즐기는 곳

백 가지 맛 품고 있는 항의 다양성
ㅁ 자형 전통 한옥 툇마루에 행복한 미소 솟아난다

드넓은 갯벌 다양한 염전 생물 찾아
대화로 즐기고 구멍 속 파헤치는 뒷모습 아름답고

바다 조망 품은 힐링 전망대
해변 암벽 높낮이 자연의 전설 살아난다

산과 산 연결하는 명품 용바위
바다 건너 푸른 하늘 향해 승천하고

광장 전망대 100문자 조형물
노을 속 아름다움 품어 주며 즐거운 추억 너울거린다.

궁평항

화성의 명소 국가 어항
붉은 노을의 아름다운 향기 넘치고

서해 도선 오가는 뱃길마다
입파도 선상 낚시 손맛 감미롭다

여러 갈래 해양레저시설
데크길로 연결 다양한 체험 즐기고

서해안의 진풍경 일몰
하늘과 바다 황금빛 방파제 추억 담는다

해변 숲속 캠핑장
소금 향기로 웃음꽃 피어나고

이웃하고 있는 제부도 바닷길 열리고
용주사 전곡항 다양한 해식 생물에 관광객 붐빈다.

마안산

평택 현덕에 자리하여
건강 심장 담고 호수 즐기는 동산

높지 않고 억세지 않은
포근한 숲길 정자 쉼터 서해랑 길 안내하고

완만하고 부드러운 흙길 미소
짙은 숲속 갖춰진 운동기구 멋스럽다

초보 등산코스
약수터 야영장 부담 없이 즐기는 산책 명소

정상 포지석 돌탑 아우러져 환영하고
벤치와 휴식 공간 제공하는 정상의 배려

노출된 농로 고열에 지친 몸
작은 명산 깊은 숲 꿀물 쉼터 여유롭고

주민의 산책길 희망 부르는 산
산기슭 따라 삼봉사 연자방아 추억 춤춘다.

제2부

평택호

아산만 방조제 끝자락
평택 관광명소 꽃동산 빛나고

청결 호수 푸르른 산 감싸 맑은 거울
멋스런 수변공원 천지 아우르는 조경 아름답다

동식물 수목원의 테마파크
웃다리 한옥 문화촌의 상징 불꽃 타오르고

전통 공예 한복 체험 아름다운 차림새
물그림자로 춤춘다

지영이의 국악관 해금 벤치 한국 소리터
북 장구 장단에 옛 멋 살아나고

호수가 소풍공원 자연 속에 사람 엮어
자연 품 즐기는 숲의 신선함 하늘 높이 오른다.

쌀조개섬

아산 방조제가 잉태한
청룡리 관광명소 작은 섬

섬 내 경지 자기 닮은 쌀을 생산하고
주변 곳곳 호화로움 생산한다

아산만 물결 따라 춤추고
평택 국제대교 달리는 자동차 넘치는 곳

낚시꾼 흔적 하나둘 흩어지고
아산의 희망 꿈틀거리며 수변공원 배회한다

농경문화 작은 섬
수상레저 스포츠 단지로 재탄생하여

아산호에 흰 풍선 천국
쌀조개 돌변하여 환영하고 있다.

음성포구

당진의 한적한 포구 바다 해양 전망대
물 위 목 빼고 날으는 목조 조화롭고

멧돌포, 삽교호 해변길 철새가 인도하고
삽교공원 놀이 풍차 텅 빈 가슴 미소 안겨온다

행담도 그리운 섬 포옹한 서해대교
뽀오얀 안개 정겨운 모습 마음 가득 차오르고

너른 갯벌 속 먹이 찾는 뻘게
열 발가락 힘주어 구멍 뒤집는 정열 아름답다

선착장 어선들 길 잃고 뻘 위에서 졸고
요란한 놀이공원 집라인 행복 실어 나른다.

꽃은 울고 있다

고향집 마당 끝 뜨락
석류나무 언제나 곱게 피는 꽃

비 내리는 허전한 오후
남모르게 눈물방울 뚝뚝 굴러 내린다

흰 눈 이불 속에
냉추의 아픔 속 그리움으로 견디고

목말라 이슬이 아쉬울 땐
안아준 나무 원망하며 임 기다리고

보고픈 그대에게 사랑의 진실 보이려고
곱게 단장하고 밝은 미소 보내도

집엔 인기척 없고 나의 모습조차 잊었나
사나운 바람만 대문을 드나든다

홀로 노란 입술 빗방울이 포옹하고
텅 빈 마당 집지기 외로워 운다.

필경사

충남 당진 송악읍 심훈 주택 기념물
상록수의 산실 농촌 계몽 피어나고

일자형 초가지붕 대숲에 잠들고
고요가 문틈으로 속삭이면 애국정신 깨어난다

광장 중앙 '그날이 오면' 아름다운 시비
피끓는 민족 찬양의 노래 흐르고

일제 강압 투옥 가슴에 담은 용맹심
오가는 가슴마다 짜릿한 사랑으로 살아난다

몸으로 못다 한 열정 시로써 찬양하며
당진 벌판에 희망의 꿈 바람 타고 날고 있다.

도비도

당진 검은 점 바닷속 잠긴 섬
대호 방조제 인연으로 관광명소 되고

중앙에 우뚝 선 농어촌 개발기념 표지석
완전한 국토 자랑하는 명물로 서 있다

해안 따라 산책로 걸으며
바닷속 장뚱어와 장난치고

간척지 가운데 푸른 숲속엔
철새들 캠핑족과 사랑 맺어 속삭인다

원주민 독살 호안 가득 드리우고
고기잡이 체험 손님 낙지와 격투하고

썰물 틈 검정 뻘 속 조개 잡는 아낙네
가슴 벅찬 저 밝은 미소 흥겹다

제방의 드넓은 간척 용지
종합 관광단지 섬의 흔적 추억에 잠든다.

왜목마을

당진 서해안 일출과 일몰의 촬영 명소
아름다운 풍경과 멋스런 조형물이 반기는 곳

빨간 하트 구멍에 몸 담고
하얀 모형 날갯짓 새빛 자랑한다

푸른 물 위에 춤추는 섬들
절벽 위 푸른 숲 파도 따라 일렁일렁

암반 솟은 바윗결 검고 흰 광채
동근 동굴 드나드는 철새들의 휴식처

주변 캠핑장 차박과 텐트 속
낚시로 잡아올린 먹거리 맛으로 즐기며

일몰 후 안정 찾아 몰려든 청춘 남녀
해변 백사장에 소원꽃 피운다.

삼길포항

태안반도 북단의 해안 포구
대호 방조제 등에 지고 도비도와 포옹하고

선상낚시 감성돔 감칠맛 나는 회
선상횟집 북적이는 관광객 광란의 춤

해안 따라 빛 발하는 작은 숲공원
여러 어종의 조형물로 멋부리고

철새들의 넘치는 날갯짓
어린아이 새우깡에 숲속 주인 된다

해안 절경 따라 연결된 아라메길 명성
국토 순례자 밝은 미소 호화로운 색 풍요롭다.

서산 구도항

팔봉산 품안에
어촌 활력 살아 있고

은빛 바다 파도 따라
정겨운 춤 살랑 살랑

도란 도란 숲속 산길
솔향 가득한 범 머리길

등에 짊어진 고기 보따리
포구 찾은 뱃고동 소리
옛 추억 생생하다

길목마다 숨은 명소
썰물 때 드러나는 섬 고향에
살며시 꿈 드리운다.

이원방조제 희망 벽화

태안 앞바다 기름 유출
청정해역 오염 심각

환경 자원 소중함
온 국민 정성으로 되돌리고

학암포 시작 민어도 긴 제방
그린에너지 바다 주제 그림으로 장식

둑방에 살아 있는 꽃
봉사자의 아름다운 결실 되고

수많은 손도장
땀 흘린 얼굴에 포상으로 기억된다

그 어두운 죽음의 바다
오늘은 관광 명소로 찬란하다.

청산리 나루터

태안군 원북면 청산리
서산시 팔봉면 고도리 물로 연결하고

양면이 포옹하여
바다 같은 저수지 양식장 한가롭다

어촌항 명분 잃어 초라한 포구
물과 숲 조화롭고 물새들 여유롭다

서산의 팔봉산 머리에 이고
노을 품은 바다 황토 물결 춤춘다

여객선 기적 소리 그리움으로 흐르고
선착장 넘치는 분주한 모습

세월의 요술로 달리는 자동차
뱃길 끊어 고향 잃은 청춘 가슴

인천항 그리움에
낚싯대만 바다에 드리우고 임 기다린다.

천리포 수목원

태안군 소원면 해안 절경 아우르고
국내 사립 최대 식물종 다채롭다

식물 다양성 보호 위한 출입 통제
세계 수종 여러 형태로 형성하고

밀러 가든 길
목련원 사색의 길 열고

동백꽃 붉은 미소 노란 입술
호랑가시 붉은 잎 인파 속에 안기고

천리포 해변 양면에 오밀조밀 어촌마을
중앙 드넓은 해수욕장 식물향 흐른다

노을길 따라 걷는 발길
노랑꽃에 반하고 가시에 찔려 웃고

노란 초가집 수종창고 유리온실
호수가 맑은 물속에 하나되어 춤춘다.

국사봉

태안 소원면 진산
우뚝 솟은 정상 하늘 끝자락

천리포 만리포 너른 해변 절경
4개 봉 높낮이 내뿜는 향 그윽하고

뭍닭섬 닭섬 두 해변 포옹하고
연말연시 해넘이 해돋이에 수만 인파 환호성

등산로 부드러운 자갈 모래 황톳길
솔바람 싱그러움 가슴에 품고 오른다

국이봉 웃세골 지나 종가봉
전망대 환한 미소로 환영하고

봉우리 신령 주인 장승
사지 모두 땅바닥에 깔고 상체만 서 있다

중앙의 팔각정자 산속의 여유 아우르고
해안의 행차길 풍요 속 활기 넘친다.

뭍닭섬

만리포 해변 끝자락 푸른 숲으로 치장한 섬
바다 좁아 마련한 나무다리 층층 멋부리고

하늘 향한 소나무 초록 싱그러움
짠내음 숲속에 감추고 신선함 선사한다

망망대해 도깨비 해안 절벽
물속 드나들며 바다 조개 유혹하고

천리포 연결하는 구름다리 아슬아슬
너른 가슴 조아리며 춤추며 건너는 환호성

만끽 파도 따라 춤추고
거미줄 솔가지 사이 사이 파란 가슴 열어

태안의 명소 만리포 사랑 노래하고
천리포 수목원 아름다운 미소 모두에게 넘친다.

만리포해수욕장

태안 4경 서해안 3대 해수욕장 뷰 빛나고
13층 높이 전망 타워 야경도 호화로운 곳

조석 간만의 조류 다채로운 경관 형성하고
희망 광장 사랑 노래비 빠른 가락 물속 춤 유도한다
유류 피해 백사장 검은 모래밭 사장되고
자원봉사로 자연환경 복귀하고 찬양비 우뚝 섰다

백사장 후면 우거진 송림 하계 수련장
물 닭섬 아우르는 산책로 인도하고

천리포로 이어지는 해변
수목원 웃는 꽃길까지 관광객 이어진다.

태안 가의도

넘실대는 파도 시시때때로 돌변하고
섬 아낙네 갈매기 향한 미소 담고

서해의 보배섬 새소리 구슬프고
육쪽마늘 원산지 명승 바위 푸른빛 발한다

아기 업은 코끼리 바위 코 들어 수문 내어
섬 안 특유 독립문 연출하고

파도 따라 춤추는 사자바위
파도 높낮이 예고하는 섬 기상대

섬 중앙 오백 년 은행나무
주민 안위 지켜주는 수호신 듬직하다

산 아우른 기암괴석 백사장 멋 더하고
바다 위 솔섬 유람선 향한 사랑 넘실댄다.

어은돌 해변

태안 파도리 만리포 해변
좌우로 품은 솔밭 산책로

백사장 긴 방파제 하얀 등대
어선 수용 황금빛 안겨 준다

만조의 너른 바다 물속
크고 작은 지붕 너울거리고

바다 아우른 송림의 한가로움
갈매기들 불러 즐기고

섬 속 내민 돌 세월 낚는 여유
주섬주섬 물고기 올려 신나는 아우성

물 빠진 뻘밭 뒤척이는 아낙네
무거워진 바구니 만선 기쁨 가득

기암괴석 가장자리 풍파의 해안 절벽
오가는 어선 따라 풍요의 고동 소리 넘친다.

파도리 해변

태안군 소원면 서남쪽
바다가 포옹하고 있고

발자국 희미해 잉태한 원시림
유류 사고 아픈 현장

130만 자원봉사 깃발 날려
얼룩진 백사장 복원되고

심한 파도 바둑돌 자갈 불러
바둑이 해변 명승지 탄생 새롭다

관장목 국내 제2 빠른 유속
세곡선 난파 아픈 추억 털어 버리고
파도 속 고무보트 안 하늘 향한 함성
붉은 노을 환영의 길손 가슴 풍요롭다.

통게항

높은 파도가 불러 모아
백사장에 널려 있는 해옥

서핑 카약 스노클링 즐길 수 있고
배낚시 포인트가 여유로운 곳

삼면이 바다로 감싼 포구
청정해역 더듬는 갯벌

해변에 솟아오른 죽순 바위
뾰족 납작 절묘한 해안 절경 이루고

암반 틈새 들락거리는 너울
건너편 송림 아우르고 춤춘다

황금 모래알 아름다운 돌섬
바다 공간 물때 따라 아름답고

노을 포옹하는 천연자연
지친 삶 움츠린 가슴 환호한다.

제3부

안흥진성

태안군 근흥면 천연 요새지
선비 김석견의 상소로 축조되어

조선시대 중국의 사신 모신
군사적 요충지요 역사적 경관지

성벽 둘레 5리 높이 1척여 아담하고
동서남북 4대문 위풍당당 성루

성 안의 호화로운 삶의 현장 잔재하고
동문 앞 영의정 영세불망비 흥미롭다

성벽에 올라 호령하는 성주
신지도 나래교 넘어 멋에 취해 흥얼흥얼

주변에 무기 시험소 국방시설 축소
성력 발굴 원형 복원 태안의 명소

군 철조망 철거 모습 성동산 아우르고
태국사 종소리 온 천하에 미소 띄운다.

연포 해변

서해 바다 황홀한 일출
해변 가요제 경쾌한 리듬 살아 있는 곳

백사장 향해 뻗은 골목길
다양한 민박집 맛향 유혹하고

바닷가 바람 입맞춤하는 송림
날리는 모래알 잡아 산새 둥지 북적북적

황금 모래알 아우르고 우뚝 선 노래비
연포 아가씨 낭랑한 가락 흘러나온다

영화 촬영지 아름다운 경관
연인들의 미소 피어나고

저 멀리 떠 있는 솔섬
기다림에 지쳐 갈매기만 쳐다보고

청춘 발산하는 낭만
물길 따라 거닐며 갈매기와 춤춘다.

태안 청산수목원

알파카 아우르고
사시사철 축제로 흥겨운 곳

꽃 지고 연잎 가득한 방죽
한가로운 배 연인들의 미소 흐르고

억새꽃 바람 타고 눈꽃 날고
핑크뮬리 사각사각 춤춘다

긴 목 쭉 빼고 흔들흔들
주는 먹이 물고 앞다리 굽혀 절하는 동물들

홍가시나무 미로 숲길
아름다운 추억 가물가물

팜파스 그라스 하얀 수염
초록빛에 정겨운 사랑 잉태한다.

몽산포해수욕장

태안반도 수려한 경관
리아스식 풍족한 갯벌

해변 따라 짙은 송림 속
뻘밭 뒤척이는 조류
날갯짓 분주하다

백사장 모래 조형
지역 축제 손재주로
멋진 탑 탄생하고

전통 어획 재현하는
고기잡이 독살 체험
가슴마다 미소 품는다

기암괴석 거북바위
물결 따라 걷다 헤엄치고

자연 아우른 석가여래좌상
하얀 꽃 파도 타고
자비롭게 춤춘다.

간월도

충남 서산 3경
섬과 육지 공존하고

갯벌에 자리한 바위섬
노을에 황홀하다

무학대사의 선견지명
간월암 종소리 솟아나고

굴 까는 아낙네
등 타고 오르내리는 어리굴젓 향

낙조 품은 전망대
수륙 쌍방의 아름다움 눈부시다.

무창포 해변

백사장 완만한 수심
석태도 작은 섬 방파제 멋부리고

울창한 솔숲
소금 향 넘치는 저 지붕 없는 안식처

낙조의 황홀한 풍경
신비의 바닷길 조망하는 타워

보령의 진산 성주산
자연 연출한 조각들 춤춘다

닭벼슬 섬 연륙교
주꾸미 축제 인파 해 지는 줄 모르고

모세의 기적 속에
낙지 조개 주워 건배 함성 넘친다.

대천해수욕장

보령의 진해 노을 눈 가리고
국도 기점 패각분 백사장

파도 소리 소금 향기
동백숲 해암 기암절벽 아우르고

머드 축제 분장한 여인상
하늘 품속 그리워 비상하는 인어 공주

분수 광장 내뿜는 물줄기
연인들의 가슴 열어 춤춘다

석양 바다 담은 꽃물결
눈길 따라 황홀하고

높이 솟은 고공 바이클 선로 위
넘치는 함성 갈매기 품에 안긴다.

숲

걸음에 지친 이 나른한 몸
조잘거리는 산새 소리 어깨에 메고

솔가지 어우러져
강한 빛 숨죽이며 속삭인다

풀꽃 위에 드러누운 넓적돌
낭만 안아 품고

졸졸졸 흐르는 계곡에
나비 날개 흥 더해 나르고

가을바람 손짓에 춤추는 단풍잎
깊은 시름 잠재우는 행복 나른다.

맥문동

서천의 송림 산림욕장
소나무 그늘 속 자줏빛 꽃

푸르스름 양판자 포근함에
솔새 멧새 화음 피어나고

갯바람 서늘한 향기
지친 가슴에 생기 심어

땀에 허우적거리는 이마
자색 향기로 밝게 빛난다

숲속 찾은 나그네
포근함에 가슴에 진 짐 내려놓고

꽃잎 따서 입술 간질음 피워
해종일 찬양한다.

가을비

바람에 흔들흔들 춤추는 단풍잎
처마밑에 피곤한 몸 의지하고

보고픈 이의 추억 더듬어
멍하니 대문 앞 눈빛만 흘린다

어두워진 마당 허전한 마음
톡톡톡 울려 퍼지는 소리

가슴 열고 뛰어나가 반기는
외로움 몰라 주는 빗방울

보고픔 달려 주려는 듯
소리 높여 내리고

촉촉이 젖은 추억
빗소리에 그리움 흩어진다.

김인전공원

애국지사 얼이 금강에 흘러
만세 함성 하늘로 솟아오르고

서천이 낳은 구국 선구자
흉상에 비친 미소 후세에 빛난다

강 하구 가로질러 달리는 열차
장항로 따라 질주하는 차 소리

소리 속도 느슨하고
선생의 외침에 청각 높인다

산책 나온 발걸음
비각에 머리 숙여 겸허 품는다.

군산 내항

개항 역사 아슬한
국제 무역항 미소 짓는다

일제 슬픈 세월
뱃고동 소리 사라지고

뜬 부두 아련한 추억 속
멍해진 해빙로

방황하는 외로움 그리워 흐르는
통통배 엔진 소리

갈매기 잠든 사이
해변에 자리한 장군상들

해상의 명장 우람찬 호령에
군상 꽃이 되어 피어나고

항구 찾은 길손
가슴 가득 행복 넘친다.

월명공원

군산 해망동
금강 하구 조망 명소

장계산 감싸고
월명산 기슭 산책로 행복하고

벚꽃 짙은 숲
전망대 품은 꽃동산

수시탑 개항탑 의용비
추억 속 만세 소리 맴돌고

맑은 초록 호수 달그림자
푸른 숲 품고 너울너울

백운산 목탁 소리
산림욕장 벤치 시민 건강 넘친다.

은파호수공원

군산의 멋
물빛다리 잉태하고

물결 가로지른 사랑의 문
음악 분수 애정의 꽃 솟아난다

다리 밑 달리는 오리 보트
연인들 환한 미소 가득 넘치고

별빛다리 물그림자
연꽃 향기 따라 너울너울

광장 맛집 이글거리는 내음
야외 음악당 흥 더하고

행복 넘치는 여행
가슴 벅찬 야경에 더덩실 나비 된다.

군산 호수

옥산면 길게 뻗은 청암산
깊은 계곡 품속 맑은 미소

자연의 생태숲 지켜온 저수지
관광명소의 향기 짙다

초입 억새밭
은빛으로 흐르고

죽향길 늘푸른 녹색 옷
사각거리는 화음 아우르고

물속에 잠긴 숲그림자
가시연꽃 품안에 살랑살랑 춤춘다

편백숲 콧등 간지러움
황홀한 산책 즐겁다

제방 갈대 미르 숲
꽃길로 단장한 추억

메마른 가슴 가득
황금빛 풍요로 행복 피어난다.

만경강

심포항 풍어 깃발
흐르는 세월 속에 숨기고

조잘대는 조개 모습에
연초록 갈대숲이 사각거린다

푸른 물결 너른 갯벌
바다 피해 감춰진 물줄기

진봉산 망대 갓
망해사 종소리 정겹다

초록 바다 조망하는 전망대
파도 소리 추억 더듬고

세창이 다리 옛 모습
설렘의 가슴 벅차오른다

초원의 긴 물줄기
바다와 입맞춤하며

저녁노을 찬란한 운무
물새들과 춤춘다.

고마 저수지

부안군 동진 들녘
수변 굴곡 감싸고 장식한 테마공원

지역 정서 머금은 솟대 다리
물위 긴 장대 끝 물고기 새 따라 날고

물가 푸른 대숲
산새와 속삭이는 쉼터 휴식 달콤하다

수면에 떠 있는 나무다리길 발끝마다
연꽃 만개 미소로 기쁨 더하고

못줄 다리 양끝 모형 못줄
농부들의 농요 정겹다

계란꽃 하얀 데이지
고마정 끌어안은 아름다움 손짓

잔디 광장 꼬부랑 소나무 하트
청춘 남녀 사랑에 미래 잉태하고

고마 장터 신나는 엿장수 가위 가락
흥겨운 인파 아름다운 추억 담는다.

세창이 다리

만경강 가로질러
군산 김제 하나되고

너른 평야 황금 알곡
일본 수탈 운송 대교

칼바람 등지고 아픈 마음 달래며
신창진 지켜온 세월 속 연꽃

흩어진 가슴에 멍든 흙탕물
순국의 의지 맑은 물 흐른다

푸른 물결 바람 타고
서해 뱃길 평온 찾고

눈물 젖은 허술한 모습
엔진 소리 멈추고 역사꽃 피어난다.

제4부

매창공원

기생의 밝은 미소
여류 시인 이매창

명소 공원 중앙
메타세쿼이아길 외로움 달래고

사랑 절절한 시비
부안의 혼 간직하고

고을 꽃 피운 조형물
생동감 넘쳐 우렁차고

마실길 나팔 소리 하나된 함성
축제 향기 하늘 향해 솟아오르고

부안의 휴식 공간
인정 넘치고 삶의 물결 춤춘다.

장마

장대비가
톡톡 우당탕 주룩주룩
마른 대지에 내려앉는다

산 황토는 와르르 토하고
강물은 만삭으로 손 내밀고
먹구름은 마구 퍼붓는다

한겨울 긴 가뭄
동복호 갈라지고
식수 부족 애타던 가슴
달래 주려나

천둥 번개 장대비가
아픔으로 빛나는 하늘 향해
추억 담아 기도한다.

시인 거리

변산 검정 고무신 추억의 거리
새만금 대교 이웃하고

맨발 걸음 아픈 상처
데이지꽃 미소 날린다

아픔 마음 토하는 음율
선비정신 가르침 되어

낭만의 담보 짐
천사 춤춘다

서해의 저녁노을
황분홍길 장식하고

마실길 젊은 청춘
행복 감성 꽃피운다.

동호해수욕장

고창의 너른 해변
좁쌀 모래로 장식하고

선운산 선운사
마애여래입불 정기 받은 명소

개방된 뻘 속
온 가족 물장구 체험 경쾌하고

낮은 수심 잔잔한 물결 위에
아이들 튜브 타고 요란한 함성

푸른 송림 사이 사이
평상 위 나뒹구는 여인들

바닷물 붉게 타오르는 노을
채색된 파도 따라 춤춘다.

사랑의 낙조 공원

변산 해변의 작은 언덕
팔각정자 조형물로 자리한 전망대

최남선이 선정한 조선 10경
서해반도 낙조 마음 가득

사랑 약속하고 포옹하며
소원 이루는 사랑 텃밭

정자에 올라서면
황금 백사장 푸른 송림 춤추고

고군산도 섬들 파도 타고
손가락 하트 속 행복 미소 짓고

진실의 조각상 입속 더듬어
엄마 젖가슴 뜨겁게 살아나고

반토막 사랑 조형물
허리 굽혀 연출하는 포토존 향기

정자 밑 바닷가 화산 폭발 잔재
용두암과 얼굴 바위 미소 아름답다.

모내기 추억

산속 깊은 계곡 다락논
온종일 물 품어 가두고

이랴 저랴 소 몰아 쟁기질
써레질로 논 골라

품앗이 아줌마 못줄 앞에 일렬로
논둑 줄잡이 여, 자 소리

손에 들린 어린 모
땅속 깊이 꽂던 모내기

허리 펼 여유도 없이
뒷걸음질 속에 풍년 가을 기원한다

논두렁에는 보리밥에 풋나물 점심
감나무 이파리에 담겨 차려지고

등에 업힌 젖떼기 갓난아이
젖가슴 내놓고 젖 먹이며 먹던 끼니

시골의 정겨운 모습 아련하고
이앙기 소리만 메아리친다.

구시포 해변

바닷가 따라 펼쳐진 송림
황금 백사장 푸른 파도 아우르고

장자산 줄기 길게 뻗어
기암괴석 물결 타고 춤춘다

오토 캠핑장 숲속 가득
사랑꽃 피어나고

풍천 장어 꼬리 흔들며
고창 참맛 넘친다

고리포 봉수대 해안 일몰
황홀한 꿈 포옹하고

알록달록 지질 명소
관광 인파 넘쳐난다.

숲쟁이

항구 방어기지
진성 껴안은 숲

성곽 연장 위장하고
푸른 미소로 유혹하여

민간 안위 정착되고
법성포항 굴비 품고 있다

노거수 정기 받아
국가 명승 잉태하고

단오제 풍악 속에
사랑숲으로 꽃피우고 있다.

새벽에 출발한다

은하빛 숨기고
무등산 그림자 희미한 고요

꿈속 헤매이다
무거운 눈꺼풀 들어 올린다

어두운 적막 속
고양이도 기척 없고

동행하는 이조차 없는 마음
괜스레 바시락거린다

지친 몸 달콤한 잠 달래며
보따리 등에 지고 희망의 길 찾아

국토 종단 둘레길
발자국마다 행복꽃 피운다.

노을 종

백수해안도로 노을전시관
일몰의 낭만 넘치는 곳

한 번 치고 울리는 소리
웃음 선사하고

두세 번 품어 떨리는 설렘
사랑과 행복 넘친다

곱게 물든 하늘금 춤추는 빛
효심 깊은 아들 꽃 살아나고

연인들의 뜨거운 가슴속
열애의 메아리 소롯이 피어난다.

천일 염전

영광 백수 드넓은 평야
태양과 바람 가득한 바둑판

영롱한 빛 바닷물 걸러
안개꽃 피어 아른거리고

영양 넘치는 염기
은빛으로 살아난 소금 알갱이

물 위에 떠 있는 하늘 구름
당그래질 염부의 한숨 소리.

설도항

영광의 젓갈 명소
천일염 흰 눈 쌓이는 곳

염산 해안 가로지른 방조제
안팎 얼굴 달리하고

선교사의 한 맺힌 사연
순교탑 주변 피어난다

깃발 날리며 들어오는 만선
갈매기들 춤추며 환영하고

횟집 마당 수많은 식객
소금 향에 취해 날 저무는 줄 모른다.

백바위

두우리 백사장 송림 아우르고
파도로 덧칠한 신비 광채

용의 꼬리 흐르는 언덕에
사랑의 소망 빛 더하는 바위

바다 위로 솟구친 백암정
칠도 품은 칠산바다 조망하고

황금 백사장 푸른 물결
흰빛 얼굴로 풍광 더해

노을 바다 곱게 장식하면
하얀 미소로 포옹하며 침묵한다.

칠산타워

함평만 드넓고 오목한 포구
도리포항 바라보는 향화도

영광의 빛 발하는
전남 최고 높이 바다 전망대

무안 영광 잇는 칠산대교
우뚝 선 교각 높이 더해 주고

칠산바다 비경 따라
도깨비눈 망원경 황홀하다

유리 바닥 아찔한 두려움
낙하산도 없이 허우적거리고

서산에 걸린 노을
불타는 서해 바다 포옹하여

일몰 아쉬운 망대
야경 살아 춤춘다.

도리포항

향화도 끝자락 칠산대교
삿갓으로 치장한 포구

서해의 모자람
일출로 토해낸 명소

바다 나간 낭군 귀가 기도하는
환선 바위 망부석

하늘 나는 낙지 조형물
어촌 삶의 불 밝히는 등대

해저의 보물 산실
중국 향한 뱃고동 소리

숭어 진맛 찾아 행복 펼치는 항구에
사랑의 깃발 춤추고 있다.

퍼플교

안좌도 섬 속 섬 이어 주는
보랏빛 은하수 목교

무지개 아름다운
라벤다 향기 그윽하고

올라서면
육지 향수 피어난다

반월도의 조금 물살
반달이 미소 띄우고

박지도 900년 샘
선녀 꿈 아름답다

지붕도 다리도
섬 둘레 모두 같은 꿈

보라색 정자
바다 위에 사랑 넘친다.

짱뚱어 다리

증도의 중심 무등골 공원
우전 해변 잇는 목교

순비기 전수관 짱뚱어 형상
짙은 향기 유혹하고

출렁이는 바다 위
파도 따라 걷는 미소 흥겹다

광활하고 질퍽한 갯벌 속
흰발농게 칠게와 경주하고

상판에서 포옹하는 일몰
추억 담아 황홀하다

중간 중간 전망대
멋진 자태 추억 만들고

천천히 정겹게 거니는 연인
사랑의 꽃 아름답다.

태평염전

파도 따라 춤추는
작은 섬 증도

갯벌 열고 바닷물 가둬
천연 식량 창출하고

염해 습지 생물의 보고
소금밭 품어 명성 보탠다

소금 박물관 몸통엔
햇볕 아래 자라는 흰쌀의 미소

짠물 희석한 찻잔 속엔
향내 품는 속삭임

소금 동굴 힐링센터
발끝 간질이고 온몸 청결 선사하며

붉게 물드는 저녁노을
물위 삼색 진풍경 펼친다.

갯벌

춤추던 바닷물 깊은 잠 코 골면
검은 광장 빛 발하는 우전 해변

물속 어두움에
숨도 참아온 진흙 생기

이마에 빨간 머리카락 황금초
물새들 유혹하고

길쭉한 눈썹 위에
짱뚱어 힘 자랑한다

편편한 얼굴 높이 솟은 코
둥그런 가슴 조개 우수 즐기고

짓눌린 수압 참아온 숨구멍
칠게 일광욕 소금 한 짐 지고 있다

갈 곳 없는 조각배
님 기다리며 졸고 있고

모래알 수 세월 안아
수많은 보금자리 빛난다.

평설

조규칠 시인의 제2시집
출간을 축하하며

박 덕 은

(문학박사, 문학평론가)

평설

조규칠 시인의 제2시집 출간을 축하하며

박 덕 은 (문학박사, 문학평론가)

조규칠 시인은 전라남도 진도군 임회면 용호리에서 1947년 12월 6일 5남매의 막내로 출생했다.

그는 보배의 섬 진도에서 유년 시절을 보냈다. 그는 초등학교 6학년 때 갑작스레 아버지를 잃고, 이후 편모슬하에서 자라났다.

그는 중학교를 졸업하고 목포에 있는 고등학교에 들어갔다.

고교를 중퇴한 그는 진도에서 농사일을 했다. 이를 안쓰럽게 여긴 어머니는 큰아들을 설득해 다시 고등학교에 진학하도록 도와주었다.

광주로 올라온 그는 광주 조선대학교 앞 딸기밭 가에 있는 작은 방 하나를 얻어 놓고, 자취생활을 하며 공부를 하여, 광주 농업고등학교에 들어갔다.

고등학교를 졸업하자마자 군에 입대한 그는 월남전에 지원했다. 월남전 참전 후 귀국하여, 고시원에서 공무원 시험 준비를 했다. 공무원 시험에 거뜬히 합격한 그는 고향인 진도로 내려가 군청에서 근무를 했다. 얼마 후, 광주시청으로 근무지를 옮긴 그는 시사업소, 경열사 관리사무소, 북구청 등의 근무지에서 공무원의 소임을 다했다.

39년이라는 긴 공직생활을 하면서, 그는 마을마다 선도농가육성과 운정동 화훼단지 유통시설까지 중점적으로 추진하여, 농촌 지역에서 우수 공무원으로 인정받았다.

광주시 북구청 경제문화국장으로 있을 때 정년 퇴직한 그는, 이후 직업학교를 다니며 자격증도 준비하고, 봉사활동 등으로 바쁜 나날을 보냈다.

뿐만 아니라, 전국 순회 겸 건강관리를 위한 산행을 시작했다. 전국 100대 명산 산행에 도전하며 건강도 챙기고 사회 견문도 넓혀 나갔다. 그와 동시에 사회 봉사, 일반 사회단체의 임원, 광주시 북구 행정동우회 회장, 광주원예농업협동조합의 사외이사로서의 직책도 성실히 수행했다.

무엇보다도, 100대 명산 산행기를 쓰기 시작한 게 동기가 되어, 한실문예창작(지도 교수 박덕은) 향그런 문학회로 들어가, 시 창작 수업을 받게 되었다. 이후 꾸준히 시를 창작하여, 220여 편의 시를 썼다.

어느 날 그는 이렇게 고백했다.

"시가 무엇인지조차 모르는 저에게 문우들의 격려와 할 수 있다는 자신감을 촉매제로 하나하나 다듬어 오면서 포기는 하지 말자 최선을 다하자 다짐했던 나다. 다행으로 저는 중도 포기는 없다는 나의 꿈이 있었고, 한실문예창작 향그런 문학반 지도 교수인 박덕은 문학박사님과 문우님들의 절대적 지지와 협조가 있었기에, 2020년 10월 《문학공간》 신인문학상으로 등단하는 행운을 갖게 되었다.

이에 나에게는 새로운 목표가 설정되었다. 나는 2021년 내에 나의 흔적을 남기는 시집을 내야겠다고 다짐했다. 이 모든 행운을 갖게 만들어 준 우리 문우님들과 지도 교수님께 진정한 감사를 드린다. 또한 아직은 부족하기 짝이 없는 저로서는 그 은혜에 보답하고 나의 노후 생활에 여유를 갖고자, 앞으로 더욱 열심히 해야겠다는 약속을 드린다."

글나라백일장 우수상, 경복궁 문학상 대상, 김해 선면 시화전 문학상 작품상 등을 수상했으며, 제1시집 『사랑의 전설 안고 피어나라』를 출간한 바 있다.

광주과학고등학교 운영위원장, 사단법인 한국간건강협회 광주시지부장, 광주광역시 북구 행정동우회장, 국민생활체육회 북구 트레킹 연합회장, 광주원예농업협동조합 사외이사를 역임한 조규칠 시인은 현재 대한민국월남전참전자회 광주광역시 북구지회장, 광주문인협회 이사, 광주시인협회 회원, 한꿈 문학회 회장, 향그런 문학회 회장, 한실문예창작 회원으로 활동 중이다.

자, 그러면 지금부터 조규칠 시인의 시 세계로 탐구 여행을 떠나보기로 하자.

> 천관산 정상의 원탑 머리에 이고
> 길게 늘어선 능선 흰 꽃 춤춘다
>
> 한여름 지루한 폭염 속 녹색 치마
> 흐르는 세월 노란 단풍으로 치장하고

가을 부름에 긴 목 하얗게 단장하고
　　　작은 꽃 미소 모아 너른 광장 물결친다

　　　작은 꽃송이 나비 되어 하늘로 비상하고
　　　산의 연인들 짙은 숲속 몸 숨기며 사랑 속삭인다.
　　　　　　　　　　　　　　　　－「억새」 전문

　이 시에서의 시적 화자는 천관산 억새를 관찰하고 있다. 천관산은 전라남도 장흥군 관산읍과 대덕읍에 걸쳐 있는 산을 말한다. 가끔 흰 연기와 같은 이상한 기운이 서린다 하여 신산神山이라고도 한다. 그 신비스런 산에 흰 꽃이 춤춘다. "천관산 정상의 원탑 머리에 이고" 춤을 춘다. 저 춤은 신산을 더 신비스럽게 해주고 있다. 뭉텅뭉텅 꽃피며 추는 억새의 춤이 어떤 몽환의 집을 짓게 한다. 저 춤은 새벽 여명에 붉은 문양으로 몸을 바꿔 미몽처럼 다가올 것이다. 또 해 질 녘이면 다시 한번 어스름을 부르며 미몽처럼 산행하는 사람들의 마음을 빼앗을 것이다. 어쩌면 억새의 그 아름다움을 보려고 가을이면 산을 찾는지도 모른다. "머리에 이고"라는 표현이 멋지다. 이를 통해 원탑과 억새를 바라보는 시적 화자의 서 있는 위치를 가늠해 본다. "가을 부름에 긴 목 하얗게 단장"한 억새. 가을을 향한 억새의 기다림이 엿보인다. 가을이 어디만큼 왔나, 가을이 언제 부르나, 그 모든 게 궁급한 억새는 목을 길게 빼고 허공의 담장 너머로 눈길을 보냈을 것이다. 그렇게 기다리던 가을이 불렀으니 억새는 기뻤을 것이다. 이제 억새는 기쁨으로 하얗게 단장한다. "작은 꽃 미소 모아 너른 광장 물결친"다. 1연의 "흰 꽃 춤춘다"와 연결이 되면서 기쁨을 증폭시키고 있다.

  길게 늘어선 능선 흰 꽃들, 흐르는 세월을 노란 단풍으로 치장한 정경, 긴 목 하얗게 단장하고 너른 광장에 물결치는 모습, 하늘로 비상하는 작은 꽃송이, 사랑 속삭이는 산의 연인들 등이 억새의 아름다움과 어우러지고 있다. 관찰만으로도 시적 형상화를 이룰 수 있다는 사례를 보여주고 있다.

    갈바람 사뿐사뿐 다가온
    이 한적한 숲길
    홀로 흥얼거리며 건강 심장 만든다

    낙엽 하나둘 머리 위에 꽂히고
    단풍 필 때 마음결 설렌다

    중절모에 빨간 스카프
    이젠 낯설지 않은
    저 미소 띤 얼굴 앞서가고

    이쁜 나뭇잎 한 손 가득
    아름다운 입술로
    외로운 발걸음 달래 주는
    이 감미로운 동행자

    호젓한 꽃길 속
    흔들 그네 편안하고

그늘진 언덕 언저리에서
마주치는 길
오늘도 발밑에
바스락거리는 소리 가득

익어 가는 가을 하늘
아름다운 꽃길 달린다.

-「산책」전문

  이 시에서의 시적 화자는 한적한 숲길을 산책하고 있다. 산책은 입말이 다듬어지지 않는 갈바람이 따라붙어 지루하지 않다. 걸음 걸음마다 등장하는 수다스런 잎들과 함께 오르막을 오르기도 하고 내리막을 내려오기도 한다. 간혹 나비가 오후의 이마에 앉았다가 날아오른다. 내가 나비를 좇기도 하고 나비가 나를 좇기도 한다. 나비가 날아오르면 길도 날고 나도 나는 것 같아 오후의 발랄함이 가득하다. 그렇게 걷다 보면 "이 한적한 숲길/ 홀로 흥얼거리며 건강 심장 만든"다. "낙엽 하나둘 머리 위에 꽂히고/ 단풍 필 때 마음결 설렌"다. 붉게 물든 단풍이 나인지, 내가 단풍인지 가을이 마냥 설렌다. 웅크린 일상에서 만개한 가을 산책이다. 어쩌면 가을은 붉은 단풍, 그 꽃길을 만들고 있었던 것이다. 삶에 찌든 영혼을 다독여주기 위해 꽃길을 만든 것이다. 누구라도 이 숲길에서 흥얼거리면 상처를 치유받고 꽃꿈을 다시 꿀 수 있도록 해주고 싶은 것이다. 시적 화자는 이제 숲길에서 마음이 열려 "이젠 낯설지 않은/ 저 미소 띤 얼굴"을 만난다. 산책의 묘미가

느껴진다. 나의 마음이 열렸기에 상대는 이제 나와 무관한 타인이 아니다. 낯설지 않는 얼굴인 것이다. "이쁜 나뭇잎 한 손 가득/ 아름다운 입술로/ 외로운 발걸음 달래 주는/ 이 감미로운 동행자"가 된다. 자연은 늘 우리 곁에 있었다. 다만 우리가 몰랐을 뿐이다. 자연은 우리의 동행자, 그것도 감미로운 동행인 것이다.

홀로 흥얼거리며, 설레는 마음결, 아름다운 발걸음, 호젓한 꽃길 속 흔들 그네, 그늘진 언덕 언저리, 바스락거리는 소리, 익어 가는 가을 하늘 등이 다소곳이 펼쳐져 있다. 이 세상에서 가장 한가로운 산책을 즐기는 듯하다. 삶 속에 발견되는 여유와 여백이 자리하고 있는 듯하여, 독자의 눈길과 마음이 평온하다.

지리산 남원의 깊은 계곡
신선길 따라 와운교 옆

엄마 품 떠난 솔방울 외톨 알
얄미운 바람 바위 틈새 자리

부드러운 흙 목마른 가슴 조아리며
뿌리에 이슬 감아 나날이 인내하며

한 잎 한 잎 키워 돌 뚫고 자란 가지
초록 옷으로 단장한 싱그러움

옆 소나무 지켜보며 손 내밀어 인연 맺고
소나무 바위 치장한 안식처

신비스레
스치는 인연마다 사랑 미소 가득하다.
- 「부부송」 전문

　이 시에서의 시적 화자는 지리산 남원의 깊은 계곡에서 부부송을 만난다. 지리산 뱀사골 와운마을로 가는 길에 와운교가 있다. 와운교 옆에 부부송이 있다. 흙 한 줌 없는 바위틈에 뿌리를 내리고도 잎이 푸르다. 소나무의 손을 뻗으면 닿을 만한 곳에 한 그루의 소나무가 또 있다. 그 또한 바위틈에 뿌리를 두고 있다. 어느 한쪽이 외롭지 않게 다른 한쪽이 그 곁을 지켜주고 있다. 한쪽이 아프면 슬그머니 다가와 부축여주는 그 마음. 그래서일까, 그 두 그루의 소나무를 부부송이라고 부른다. "목마른 가슴 조아리며/ 뿌리에 이슬 감아 나날이 인내하며" 희망을 키웠을 것이다. 흙 한줌 없는 바위 같은 세상에서 물을 길어 올리고 꿈이라는 초록을 틔웠을 것이다. "초록 옷으로 단장한 싱그러움" 같은 내일을 바라보며 기뻐했을 것이다. "바위 틈새 자리"라는 공통 분모가 둘 사이에 공감대를 형성하며 서로를 이해하고 가까워졌을 것이다. 서로의 상처를 다독이던 어느 날, 부부가 되기를 약속했을 것이다. 참 아름다운 인연이다. 저 부부송처럼 우리는 곁에 있는 가족을 이해하고 손잡아 주는가, 자문해 본다. 마음이 수연해진다.

　와운교 옆 바위 틈새에서 돌 뚫고 자란 소나무, 초록 옷의 싱그러움, 스치는 인연마다 사랑 미소 보내는 소나무가 멋스럽다. 나날의 인내가 빚어낸 숭고함, 역경을 이겨 낸 정신도 함께하는 듯하여, 시를 읽는 독자의 마음이 경건해진다. 묵묵히 관찰하여 시적 형상화를 이뤄내는 솜씨가 세련되어 있다.

> 가을 들녘 끝자락
> 아리랑 가락 정겨운 일몰 반기고
>
> 등에 진 지게 볏단이 출렁출렁
> 지게 다리 두들겨 풍요 맞이하던 어머니
>
> 앞들 두 마지기 논 누런 벼 베어 눕히고
> 논두렁 크고 작은 콩 수확 일꾼 마당으로 불러
>
> 벼 베기에 만족한 듯
> 마당에 술상 차려 수고했다 기뻐하던 미소
> 풋고추 오이 조각 올려놓고
> 술 양판 툭시발 한잔 술로 고추 한입
>
> 곡식 창고 가득 차곡차곡
> 한 해의 풍년 만끽하던 어머니.
>
> - 「추억 속 고향」 전문

이 시에서의 시적 화자는 추억 속 고향으로 달려가고 있다. 가을 들녘은 햇살과 달빛 내려앉게 온통 황금빛 방석 깔아놓고 있다. 낭만과 풍요가 가득하다. 황금빛 물결을 위해 봄부터 초록 농사를 지은 어머니. "가을 들녘 끝자락/ 아리랑 가락 정겨운 일몰 반"기고 있다. 풍년의 느낌을 "아리랑 가락 정겨운 일몰"이라고 표현하고 있다. 시적 형상화가 빛을 발하고 있다. 이렇듯 시는 일상의 언어를 동원하되 낯설게 하기를 하면 빛을 발하는 법이다. 풍년의 기쁨은 "등에 진 지게 볏단이 출렁출렁/ 지게 다리 두들겨 풍요 맞이하"고 있다. 볏단을 지고 가는 발걸음이 통통 튀어오를 듯 발랄하다. 황금빛 들녘에서 달빛이 몸을 풀고 햇살이 다정하게 아침을 빗질했을 것이다. 이를 바라보는 어머니의 흐뭇한 미소. 어머니는 수고해 준 일꾼을 마당으로 불러 "술상 차려 수고했다 기뻐하던 미소/ 풋고추 오이 조각 올려놓고/ 술 양판 툭시발 한잔 술로 고추 한입" 한다. 가을 소식 중에 풍년이라는 소식보다 더 좋은 소식은 없을 것이다.

  가을 들녘엔 정겨운 일몰, 볏단 가득한 지게, 누런 벼 두 마지기, 논두렁엔 콩 수확, 벼 베기 후 차려진 마당의 술상, 툭시발 한잔 술에 고추 한입, 곡식 가득한 창고, 풍년 만끽하던 어머니 등으로 이어진 추억 속에 펼쳐진 고향 정경들이 정겹다. 정겹고 그립고 행복하던 시절의 추억이 시적 화자의 삶 속에 닳지 않는 에너지원이 되고 있지 않나, 그런 생각이 든다.

    진도 여귀산 자락 고향집
    앞뒤 용호천 작은 동산 추억 살아 있는 곳

    냇가 돌 뒤집어 줍던 다슬기
    하얀 꽃 짙은 향기 간지러움 그리워진다

콩알만 한 탱글탱글 푸른 열매
허리 굽은 할머니 바구니 가득 담아

잘게 썰어 멍석 위에 말리고 선반 위에 올려
수많은 배앓이 약 무명 한의사 되어

장작불에 푹 고아 주던 봉산댁 할머니
지금도 숲속에서 웃고 계실까

가을이면 노랗게 익어 둥근 달덩이
어린 시절 귀한 보약

비에 젖고 눈에 젖어
바람 타고 흔들흔들 혼자 울고 있다.

— 「탱자」 전문

    이 시에서의 시적 화자는 진도 여귀산 자락 고향집에 있는 탱자를 떠올리고 있다. 어느 날, 가시를 잔뜩 세운 탱자가 그리워진다. 그 가시에 무던히도 찔리고 상처났을 텐데, 탱자는 그리움의 가시를 세우며 다가온다. 추억 속의 어떤 그리움은 그 가시에 찔려 "바람 타고 흔들흔들 혼자 울고 있"다. "하얀 꽃 짙은 향기 간지러움 그리워진"다. "간지러움 그리워진다"가 애잔하게 다가온다. 유년 시절의 깔깔거림이 간지럽고, 배앓이할 때의 아픔이 간지럽고, 봉산댁 할머니의 웃음이 간지럽다. 그 모든 간지러움이 "노랗게 익어 둥근 달덩이"로 둥싯 떠오른다. 저 둥근 달은 시적 화자의 상처와 기쁨과 희망을 곁에서 지켜봤을 것이다. 불면의 밤을 건너는 화자의 아픔에 조심스럽게 다가가 곁을 지켜줬을 것이다. 노랗게 익은 둥근 달덩이의 힘으로 배앓이가 낫고 상처가 치유됐을 것이다. 시적 화자는 혀끝에 씹히는 그 향이 그리워 고향집의 그 시절을 추억한다. 하지만 "비에 젖고 눈에 젖어/ 바람 타고 흔들흔들 혼자 울고 있"다. 혀끝을 굴리면 아직도 탱자향이 그윽한데.

하얀 꽃 짙은 향기, 탱글탱글 푸른 열매, 잘게 썰어 멍석 위에 말린 탱자, 장작불에 푹 고아 주던 봉산댁 할머니, 가을의 노란 달덩이, 어린 시절 귀한 보약이던 탱자, 그게 비와 눈에 젖어 바람 타고 흔들흔들 혼자 울고 있다. 마무리가 독자의 마음을 울리고 있다. 향수에 푹 젖게 만드는 솜씨가 남다르다.

걸음에 지친 이 나른한 몸
조잘거리는 산새 소리 어깨에 메고

솔가지 어우러져
강한 빛 숨죽이며 속삭인다

풀꽃 위에 드러누운 넓적돌
낭만 안아 품고

졸졸졸 흐르는 계곡에
나비 날개 흥 더해 나르고

> 가을바람 손짓에 춤추는 단풍잎
> 깊은 시름 잠재우는 행복 나른다.
>
> ―「숲」전문

 이 시에서의 시적 화자는 산행길에 만나는 숲을 잘 그려놓고 있다. 주말이면 많은 이들이 숲을 찾는다. 숲이라는 의자에 앉아 쉬며 에너지를 충전한다. 도시로부터 멀수록 숲은 치유의 힘이 있다. 도시의 소문과 상처가 깃들지 않는 곳이 숲이다. 바람이 태곳적부터 전해 내려온 전설과 신화를 실어 나르느라 잎이 팔랑거리고 가지가 흔들린다. 먼 데서 날아든 새소리가 그 전설에 후렴구를 달며 신비스러움을 자아낸다. 그 숲의 품에 안겨 우리는 아늑한 위로를 받는다. "조잘거리는 산새 소리 어깨에 메고" 걷다 보면 "강한 빛 숨죽이며 속삭인"다. 태양은 내리쬐는데 "솔가지 어우러져/ 강한 빛 숨죽이"며 무언가를 속삭인다. 햇빛도 숲으로 오면 자신의 무게를 내려놓는지 "숨죽이며 속삭인다"고 말하고 있다. 착상이 신선하다. 햇빛도 숲에서는 자신의 목소리를 낮추다니. 숲의 어떤 신비스런 힘이 느껴진다. "풀꽃 위에 드러누운 넓적돌/ 낭만 안아 품고" 있다. 그 낭만이 좋아 사람들은 넓적돌에 몸을 기대며 쉰다. "졸졸졸 흐르는 계곡에/ 나비 날개 홍 더해 나르"고 있다. 재밌는 표현이다. 졸졸졸과 나비 날개 홍이 감각적으로 다가온다.

 산새 소리 어깨에 메고, 숨죽이며 속삭이는 빛, 풀꽃 위에 드러누운 넓적돌, 졸졸졸 흐르는 계곡, 홍겹게 날으는 나비, 가을바람에 춤추는 단풍잎 등이 깊은 시름 잠재우는 행복을 나르고 있다. 이렇듯 정 깊게 숲이 가슴속으로 서서히 다가오도록 시적 형상화 해놓고 있다. 자연스레 숲을 관찰하여, 그 이미지가 숲을 사랑하지 않을 수 없도록 해놓고 있다. 현란하게 꾸미지 않아도, 시의 세계가 독자의 가슴으로 스며들도록 하는 기법, 멋스럽다.

    장대비가
    톡톡 우당탕 주룩주룩
    마른 대지에 내려앉는다

    산 황토는 와르르 토하고
    강물은 만삭으로 손 내밀고
    먹구름은 마구 퍼붓는다

    한겨울 긴 가뭄
    동복호 갈라지고
    식수 부족 애타던 가슴
    달래 주려나

    천둥 번개 장대비가
    아픔으로 빛나는 하늘 향해
    추억 담아 기도한다.

                                 -「장마」전문

이 시에서의 시적 화자는 장대비를 그려놓고 있다. 가뭄 끝에 내린 비가 반갑다. "톡톡 우당탕 주룩주룩/ 마른 대지에 내려앉는" 장대비의 젖은 몸이 이쁘기만 하다. 장대비에 대한 기쁨을 시적 화자는 "톡톡 우당탕 주룩주룩"으로 표현하고 있다. 다양한 멜로디처럼 귀를 즐겁게 해주는 빗소리다. 허공과 마른 대지를 적시는 물의 얼굴이 이쁘다. "강물은 만삭으로 손 내밀고" 있어 보기만 해도 좋다. 만삭의 강물을 마주한 지가 얼마나 됐을까. 가뭄은 계속되어 그 끝을 알 수 없으니 불안했을 것이다. 메마른 강물을 볼 때마다 물의 빈방이 많아 걱정했을 것이다. 먼지만 날리는 물의 빈방에 물의 세입자가 들어와 찰랑이는 물의 아이들로 가득차기를 소망했을 것이다. 물의 세입자를 이끌고 와글와글 장마가 오고 있으니 이제 강물은 걱정할 것이 없다. 물의 빈방은 다시 물의 아이들로 가득차 있다. 강물은 어느덧 만삭이다. "식수 부족 애타던 가슴/달래"줄 것이다. "만삭으로 손 내밀고"라는 표현이 멋지다. 가뭄 끝에 오는 장마에 대한 기쁨과 물의 소중함과 강줄기의 고마움이 느껴진다.

 주룩주룩 마른 대지에 내려앉는 비, 산 황토를 와르르 토하고, 강물을 만삭으로 손 내밀게 하고, 동복호의 가뭄 해소해 주고, 식수 부족도 채워 주고, 아픔으로 빛나는 하늘 향해 추억 담아 기도하게 하는 비, 장대비의 세계가 감동적으로 그려져 있다. 그 어떠한 자연도 사물도 시적 형상화 해내는 솜씨가 좋다.

  산속 깊은 계곡 다락논
  온종일 물 품어 가두고

이랴 저랴 소 몰아 쟁기질
써레질로 논 골라

품앗이 아줌마 못줄 앞에 일렬로
논둑 줄잡이 여, 자 소리

손에 들린 어린 모
땅속 깊이 꽂던 모내기

허리 펼 여유도 없이
뒷걸음질 속에 풍년 가을 기원한다

논두렁에는 보리밥에 풋나물 점심
감나무 이파리에 담겨 차려지고

등에 업힌 젖떼기 갓난아이
젖가슴 내놓고 젖 먹이며 먹던 끼니

시골의 정겨운 모습 아련하고
이앙기 소리만 메아리친다.

- 「모내기 추억」 전문

이 시에서의 시적 화자는 어릴 적 모내기 추억을 불러내고 있다. 다락논은 비탈진 산골짜기에 여러 층으로 겹겹이 만든 좁고 작은 논을 말한다. 그 논이 온종일 물을 품게 하려고 얼마나 많은 수고로움이 있었을까. "이랴 저랴 소 몰아 쟁기질/ 써레질로 논 골"라 모내기를 준비했을 것이다. 비탈진 산으로 소를 몰고 올라가는 아버지의 뒷모습이 보이는 듯하다. 아버지는 써레질로 아픔 많은 마음을 잘게 부수고 마음의 밑바닥을 판판하게 고르는 일을 해 질 녘까지 했을 것이다. 그 마음의 바다에 자식들의 내일을 심고 희망을 주며 힘겨운 하룻길을 이어나갔을 것이다. "품앗이 아줌마 못줄 앞에 일렬로/ 논둑 줄잡이 여, 자소리"가 지금도 들리는 듯하다. 하룻길이 어둡고 힘들어도 동네 사람들과 서로 의지하며 품앗이를 한다. 어려운 시절이었지만 함께해서 버틸 수 있었을 것이다. 구성진 육자배기 가락이 몇 번 울려 퍼지면 어느덧 새참 때가 다가온다. 오월의 햇살은 어린 모와 함께 물 속에서 첨벙이고 등에 업힌 갓난아이는 젖을 빨고 있다.

　산속 깊은 계곡에 있는 다락논, 소 몰아 쟁기질, 써레질로 논 골라 놓으면, 품앗이 아줌마들 일렬로 서서 모심기, 허리 펼 여유도 없이 땅속 깊이 꽂는 모, 논두렁에는 보리밥에 풋나물 점심, 젖떼기 갓난아이 젖 먹이며 먹던 식사, 시골의 정겨운 모습이 아련하다. 이미지만으로도 시골 모내기 정경이 감동적으로 다가오고 있다. 그 추억 속으로 빨려드는 향수가 가슴 시리게 그립다.

　　은하빛 숨기고
　　무등산 그림자 희미한 고요

　　꿈속 헤매이다
　　무거운 눈꺼풀 들어 올린다

어두운 적막 속
고양이도 기척 없고

동행하는 이조차 없는 마음
괜스레 바시락거린다

지친 몸 달콤한 잠 달래며
보따리 등에 지고 희망의 길 찾아

국토 종단 둘레길
발자국마다 행복꽃 피운다.
- 「새벽에 출발한다」 전문

  이 시에서의 시적 화자는 국토 종단 둘레길에 나선다. 그것도 새벽에 출발한다. 시제도 "새벽에 출발한다"이다. 시적 화자는 '새벽'에 많은 의미를 부여한 듯하다. 새벽은 동이 트기 전이다. 어둠과 적막의 지층이 쌓여 있어 선뜻 앞으로 나아가기 어려운 시점이지만, 목표를 이루기 위해서는 움직여야 하는 시점인 것이다. 어떤 의미에서 새벽은 떨림과 열림으로 가는 첫걸음인 것이다. 그 첫걸음을 떼야 열림의 문을 열 수 있다. "꿈속 헤매이다/ 무거운 눈꺼풀 들어 올"리며 첫걸음을 뗀다. "어두운 적막 속/ 고양이도 기척 없"다. 그만큼 고요하다. 그만큼 하루의 눈은 아직 감겨 있다. 그 감긴 하루의 눈을 시적 화자는 눈꺼풀 들어 올리며 눈뜨게 한다. "보따리 등에 지고 희망의 길 찾아" 떠나고 싶어 서두른다. 국토 종단을 향한 들뜬 마음을 엿볼 수 있다. "국토 종단 둘레길/ 발자국마다 행복꽃 피"

어나고 있다. 그 걸음들이 모아져 나라를 사랑하고 이웃을 사랑하는 문을 또 열고 있는 것이다. 그 모든 것의 출발이 새벽인 것이다.

꿈속 헤매다 깨어나, 무등산 그림자의 고요를 안고, 어두운 적막 속에서 동행하는 이조차 없이, 홀로 바시락거리며, 오로지 희망의 길 찾아, 발자국마다 행복꽃 피우며 걷는다. 국토 종단 둘레길에 오른 시적 화자의 설렘과 굳은 결의와 힘찬 발걸음이 심금을 울리고 있다. 한두 해도 아니고, 여러 해를 여러 둘레길을 다니며 국토 종단을 하는 시적 화자의 모습이 선명히 그려져 있다. 그 목표를 향해 가는 내면의 고뇌도 읽을 수 있어, 행복하다.

> 영광 백수 드넓은 평야
> 태양과 바람 가득한 바둑판
>
> 영롱한 빛 바닷물 걸러
> 안개꽃 피어 아른거리고
>
> 영양 넘치는 염기
> 은빛으로 살아난 소금 알갱이
>
> 물위에 떠 있는 하늘 구름
> 당그래질 염부의 한숨 소리.
> ―「천일 염전」 전문

이 시에서의 시적 화자는 영광 백수의 바둑판 같은 염전을 그려내고 있다. 염전에 흰빛의 투명한 언어, 그 소금이 바람에 흔들린다. 그 맑은 언어는 오후 3~4시 사이에 온다고 한다. 염전의 물이 말라가고 소금 결정으로 만들어진 것을 염부들은 소금이 온다고 한다. 태양이 내리쬐어 대지의 열기가 절정으로 치닫는 바로 그때 소금은 온다. 세상을 다 태워 버릴 것 같은 뜨거운 햇볕 아래서 그 타오르는 적막 속에서 소금은 온다. 시적 화자는 염전을 "태양과 바람 가득한 바둑판"에 "안개꽃 피어 아른거"린다고 말하고 있다. 안개꽃은 무엇을 의미할까. 염전에서 싹틔운 자식의 미래일까, 맹렬히 타오르는 불볕 아래 그 뜨거운 적막일까, 바람 한 점 없는 오후 3시의 햇볕일까, 그것이 무엇인지 알 수는 없지만 염부의 가슴에 핀 희망일 것이다. 그 안개꽃이 피어 아른거리고 있어 염전은 보기만 해도 든든하다. 가장 좋은 소금은 바람 한 점 없는 뙤약볕 아래 온다. 바람 때문에 염전의 물이 흔들리면 소금의 입자는 불안정해진다. 또 햇볕이 충분하지 않으면 불순물이 남아 쓴맛이 난다. "물위에 떠 있는 하늘 구름/ 당그래질 염부의 한숨 소리"를 낸다. 구름이 끼어 햇볕이 충분치 않아 염부는 걱정한다.

영롱한 빛 바닷물 걸러 안개꽃 피어 아른거리는 곳, 은빛으로 살아난 소금 알갱이, 물위에 떠 있는 하늘 구름, 당그래질하는 염부의 한숨 소리까지 담겨져 있다. 염전의 정경이 담겨 있어 이채롭고, 힘든 염부의 일상이 읽혀져 안쓰럽고, 영양 넘치는 천일염을 만날 수 있어 마음 뿌듯하다. 다채로운 사물, 다채로운 감성을 만나게 해주는 시라서 더욱 마음이 흡족하다.

춤추던 바닷물 깊은 잠 코 골면
검은 광장 빛 발하는 우전 해변

물속 어두움에
숨도 참아온 진흙 생기

이마에 빨간 머리카락 황금초
물새들 유혹하고

길쭉한 눈썹 위에
짱뚱어 힘 자랑한다

편편한 얼굴 높이 솟은 코
둥그런 가슴 조개 우수 즐기고

짓눌린 수압 참아온 숨구멍
칠게 일광욕 소금 한 짐 지고 있다

갈 곳 없는 조각배
님 기다리며 졸고 있고

모래알 수 세월 안아
수많은 보금자리 빛난다.

-「갯벌」전문

이 시에서의 시적 화자는 갯벌의 세계를 소개하고 있다. 바다와 뭍을 오고가는 억겁의 몸짓이 개흙이 되고 갯벌이 되었을까. 갯벌에 가면 그 신비스러움에 눈이 팔려 시간 가는 줄 모른다. 갯벌은 누군가에게는 관광지이지만 현지인들에게는 삶을 위한 생계의 바다이다. 개흙에 코를 박는 호미질이 있고 몇 평의 갯바닥에서 캐온 어머니의 수고로움이 있다. "물속 어두움에/ 숨도 참아온 진흙 생기"가 있어 갯벌은 더 아름답다. 저 생기에 힘입어 갯것들은 달이 차고 기울어도 눈 껌벅거리며 갯바닥을 달린다. "짓눌린 수압 참아온 숨구멍"으로 하루를 연명하고 계절을 연명한다. 바다와 어둠을 뒤집어쓰며 다시 억겁의 몸짓을 써 내려가는 갯것들. 그 억겁의 몸짓이 "길쭉한 눈썹 위에/ 짱뚱어 힘 자랑"한다. 갯벌의 근력이 검게 빛나 짱짱하다.

썰물 때마다 드러나는 검은 광장 우전 해변, 물속 어두움에 숨 참아온 진흙 생기, 길쭉한 눈썹 위에는 힘 자랑하는 짱뚱어, 우수 즐기는 가슴 조개, 일광욕 즐기는 칠게, 님 기다리다 졸고 있는 조각배, 빛나는 보금자리 등이 어우러져 아름다운 갯벌을 빚어내고 있다. 섬세한 시선으로 갯벌의 다채로움을 포착하는 솜씨가 세련되어 있다. 시에서의 관찰과 이미지 구현은 시의 특질 중 매우 중요한 요소임을 입증해 주고 있다.

    경남 산청 덕천 강가
    지리산 천황봉 막힘없이 펼쳐지고

    남명 낙향 학문 닦고 연구하며
    10세자 애국 충절 기리던 곳

앞뜰 가득 자리한 남명매
기품 있는 모습 마당 가득 아름답다

경의검 예리한 칼날 왜놈 애간장 녹이고
성성자 방울 소리 선비 정신 이어진다

지리산 자락 둘레길
조식 선생 발자취 영원히 살아 있다.

-「산천재」전문

  이 시에서의 시적 화자는 산천재山天齊를 예찬하고 있다. 남명 조식(1501~1572)은 퇴계 이황(1501~1570)과 같은 시대를 살았던 사람이다. 산천재는 1561년 남명이 지리산 아래 덕산으로 와서 지은 건물이다. 남명의 거처이자 강학하던 곳이다. 남명은 제자들에게 "왜적을 막아낼 방책이 무엇인가"라고 묻는다. 이론에 매달리지 말고 실제적인 현실 문제를 해결하는 것에 집중해야 한다고 말한다. 임진왜란 때 곽재우 등 남명의 제자 50여 명이 의병장이 된 것은 바로 남명의 실천 유학 때문이다. 그 의병정신의 산실이 바로 산천재다. "앞뜰 가득 자리한 남명매/ 기품 있는 모습 마당 가득 아름답"다. 시적 화자는 의병정신의 모태가 되어 준 남명사상을 남명매로 표현하고 있다. "기품 있는 모습 마당 가득"하다고 말하고 있다. 제자들은 올곧음을 꽃피우는 저 남명매를 보며 마음의 중심을 다잡았을 것이다. 남명매는 산천재를 지으면서 남명이 손수 심은 것으로 전해진다. 수령 450여 년의 역사를 지닌 매화나무다. 저 앞에 서면 남명의 정신과 임진왜란 때 나라를 지킨 의병정신이 가슴을 먹먹하게 할 것 같다. 그래서일까. "성성자 방울 소리 선비 정신 이어"지고 있다고 말하고 있다. 맞다. "조식 선생 발자취 영원히 살아 있"다.

시적 화자는 경남 덕천 강가, 애국 충절 기리던 곳, 앞뜰 자리한 남명매, 경의검 칼날, 성성자 방울 소리 등으로 경의를 표하고 있다. 남명 조식 선생의 충절과 선비 정신이 한자리에 모여, 가슴을 서늘하게 해주는 듯하다. 높은 학문, 고매한 인품, 향긋한 발자취가 다시 살아나는 듯하여, 마음이 숙연해진다.

지금까지 살펴본 바처럼, 조규칠 시인의 시적 형상화는 늘 이미지 구현과 손잡고 있다. 다채로운 사물의 시적 형상화, 서두르지 않고 또 현란하지 않는 이미지 구현, 만나는 감성들과의 소박한 속삭임, 사물에 대한 새로운 해석, 사물과 정경에 대한 정겨운 관찰, 의미 있는 추억에 대한 회상, 향수에 대한 다양한 접근, 고향과 한몸이 된 듯한 그리움, 둘레길 산책과 산행에 대한 감동적인 느낌, 인생을 초연한 듯 바라보는 시야, 행복의 비결을 터득한 듯한 관조, 다채로운 감성에 대한 너그러운 포용 등이 조규칠 시인의 시 속에 자리하고 있어, 경이롭다. 무엇보다 이미지 구현과 낯설게 하기를 통한 시적 형상화가 시의 특질을 이루고 있어, 시를 읽어 가는 맛이 좋다. 세련미와 감동의 전율이 함께하여, 시를 감상하는 동안 행복감이 넘쳐 흐른다.

 앞으로도, 시 창작 할 때마다, 시의 특질에 보다 가까이 다가가, 이미지가 살아 있고, 새로운 해석이 깔려 있어 신선하고, 시마다 감동의 전율이 깔려 있어, 독자의 마음을 사로잡게 되길 소망한다.

 부디, 제3, 제4시집도 독자들의 감동을 이끌어내는 작품집으로 사랑받게 되기를 바란다. 여생 동안, 명산 산행과 둘레길 산책을 하며, 시 창작과 기행문 쓰기를 작품집으로 열매 맺어갔으면 좋겠다.

- 가을 단풍이 행복한 마음을 이끌어내는 계절에
한실문예창작 지도 교수 박덕은 시인
(문학박사, 전 전남대 교수, 문학평론가, 소설가,
동화작가, 시조시인,
화가, 사진작가, 박덕은 미술관 관장,
노벨재단 이사장, 대한시협 부회장)

절벽 위 푸른 숲

2024년 12월 15일 인쇄
2024년 12월 20일 발행

지은이 조규칠

펴낸이 강경호 편집장 강나루 디자인 정찬애
펴낸곳 도서출판 시와사람
등록 1994년 6월 10일 제 05-01-0155호
주소 광주시 동구 양림로119번길 21-1(학동)
전화 (062)224-5319   E-mail jcapoet@hanmail.net

ISBN 978-89-5665-754-7 03810

값 12,000원

＊잘못된 책은 구입하신 서점에서 바꾸어 드립니다.
＊지은이와의 협의로 인지를 붙이지 않습니다.

공급처 ■ 한국출판협동조합
경기도 파주시 탄현면 오금로 30
주문전화 (02)716- 5616, 070- 7119- 1740